LA QUESTION DU TRAVAIL

PAR

Le Docteur CHARLES PELLARIN

PARIS
LIBRAIRIE DES SCIENCES SOCIALES
3, RUE HAUTEFEUILLE, 3.

1876

734. — Paris. Typ. de Ch. Meyrueis, 13, rue Cujas. — 1876.

LA

QUESTION DU TRAVAIL

PARIS. — TYPOGRAPHIE DE CH. MEYRUEIS.
13, RUE CUJAS. — 7361.

LA QUESTION DU TRAVAIL

PAR

LE DOCTEUR CHARLES PELLARIN

Tamen usque RESURGET.

Vous aurez beau la faire enterrer par vos commissions parlementaires et autres, toujours elle ressuscitera jusqu'à ce qu'elle ait reçu sa solution.

PARIS
LIBRAIRIE DES SCIENCES SOCIALES
3, RUE HAUTEFEUILLE, 3.

1876

AVANT-PROPOS.

La question du travail, a dit quelqu'un, c'est toute la Révolution.

Ce sera aussi la clôture définitive de l'ère des révolutions et l'inauguration de celle du progrès pacifique, le jour où elle aura reçu sa solution vraie et légitime, c'est-à-dire de tout point conforme à la JUSTICE.

Il ne faut pas s'y tromper, la question du travail est le fond réel du débat qui, sous des formes diverses, se trouve engagé partout, à l'heure qu'il est, au sein des sociétés civilisées.

A vrai dire, en y regardant bien, l'on reconnaîtrait qu'il en fut à peu près ainsi dans tous les temps : il s'est agi toujours, en effet, de savoir QUI TRAVAILLERA, et A QUELLES CONDITIONS, pour l'entretien de la collectivité.

L'esclavage, le servage, le salariat, telles ont été les solutions successivement données à cette grande et vitale question du travail : solutions qui toutes les trois blessent, — dans une mesure très-différente à la vérité, — mais enfin qui blessent la justice, ainsi que la dignité humaine.

L'esclavage, violation extrême du droit, abus le plus énorme de la force, l'esclavage a eu néanmoins des défenseurs et des apologistes parmi les plus éminents esprits, les Aristote, les Platon, par exemple, tant qu'on n'était pas arrivé à concevoir que la société pût se passer de cette coutume oppressive et inique. — Personne aujourd'hui n'oserait s'en faire ouvertement le champion.

Autant l'on en pourrait dire du servage, qui vient d'être aboli, même en Russie, par un ukase du czar.

Le salariat, troisième mode ou régime du travail, reste donc seul en cause désormais, du moins chez les peuples civilisés.

Le vice essentiel du salariat, au point de vue de l'équité d'abord, n'est encore aperçu que d'un petit nombre d'hommes éclairés; mais il est senti instinctivement par la masse de ceux qui sont réduits, pour vivre, à travailler pour le compte d'autrui.

Cette masse qui, tout en se donnant beaucoup de peine, tout en accomplissant dans l'œuvre commune les plus rudes tâches et les plus rebutantes, les véritables corvées, ne cesse pas d'être toujours besoigneuse et souvent dénuée, cette masse du prolétariat sent fort bien qu'elle est victime de conditions à peu près inéluctables, de certaines dispositions de notre mécanisme social contre lesquelles, même après le grand coup porté aux priviléges par la révolution de 1789, il lui est, sauf très-rare exception, impossible de réagir avec succès. Triste et décourageante vérité qu'expriment ces dictons populaires : *Les gros mangent les petits ;* — La pierre *va toujours au tas*, et que redit en d'autres termes un poëte qui fut sympathique aux souffrances de la classe inférieure :

> Pour s'en tenir au lot que vous lui faites,
> Ce pauvre peuple a besoin de chansons.

Au lieu de chansons, comme au temps du Mazarin ou de Béranger, on lui fabrique de nos jours (mais en pure perte, car il ne les lit pas) de savants traités d'économie politique et de gros rapports de commissions parlementaires, à l'effet de lui prouver, à ce brave peuple, par raison démonstrative, qu'il est, ma foi, très-bien loti et que, s'il ne se trouve pas heureux comme cela, c'est qu'il y met de la mauvaise volonté. Il n'aurait d'ailleurs, ajoute-t-on, qu'à se montrer plus assidu au travail, moins ami du cabaret, plus économe en un mot et plus rangé, pour arriver sans faute au bien-être, au patronat, à la fortune...

Le but, non dissimulé, de tout ce beau raisonnement, c'est d'établir qu'il n'y a rien à redresser dans notre mécanisme industriel, et que la misère, s'il y en a encore, ce qui ne saurait être nié, provient uniquement de la faute de ceux qui la subissent et qui, partant, l'ont méritée. Fermer son âme à la pitié, dispenser son esprit de toute recherche de combinaisons meilleures et plus conformes au bien général, telle est la conséquence logique et naturelle de cette manière de voir qui est en très-grande faveur dans les régions officielles et dans les hautes couches sociales. Contre ces apologies d'un état de choses qui traîne avec lui tant de souffrances et de désastres; qui, malgré le prodigieux accroissement de puissance productive mis, de nos jours, par la science aux mains de l'agriculture et de l'industrie, perpétue l'antique misère, en y ajoutant la plaie du moderne paupérisme; — qui, sous le nom menteur de *liberté du travail*, opprime et spolie les travailleurs d'une part, et condamne d'autre part à de continuelles angoisses les patrons, les capitalistes commanditaires du travail; qui fait, en un mot, le supplice des uns et des autres et produit entre eux ces défiances, cet antagonisme croissant, constaté par les documents mêmes de l'enquête parlementaire sur la condition des ouvriers; contre les impudentes apologies de cet état de guerre industrielle, — le vrai *péril social*, — qui tendent à le perpétuer et à l'aggraver, je ne cesserai de protester, pour ma part, au nom de la vérité et de la justice, comme dans l'intérêt bien entendu de l'ordre et de la paix publique.

L'occasion de le faire m'a été fournie par le Rapport de M. Ducarre au nom de la commission *d'enquête sur les conditions du travail en France*, commission qui avait été nommée avec une certaine solennité par l'Assemblée nationale, en vue surtout de l'effet à produire sur l'esprit de la classe ouvrière. Or, il est arrivé que le Rapport le plus important de la susdite commission, celui qui traite de la question *des salaires et des rapports entre ouvriers et patrons*, n'est pas autre chose qu'une fin de non-recevoir absolue, opposée aux réclamations des travailleurs salariés et à leurs légitimes aspirations vers un meilleur et plus équitable régime de l'industrie. Ce régime aurait pour objet essentiel d'établir des garanties contre le chômage et contre l'abaissement excessif des salaires, en même temps qu'il donnerait aux patrons et aux possesseurs des capitaux une sécurité dont l'absence, de plus en plus sentie, devient pour eux un vrai tourment et leur assombrit l'avenir des plus sinistres prévisions. Cet état mental d'une grande partie de la classe riche et aisée est ce qui a fait, depuis 1848, la force de la réaction politique et cléricale. C'est là ce qui, au grand dommage de la France et du progrès régulier, a jeté cette classe à un moment dans les bras d'un César d'aventure, et lui a fait ensuite appuyer tous les empiétements de l'ultramontanisme sur nos institutions civiles.

Pour revenir à l'œuvre issue des délibérations de la commission parlementaire du travail, elle eût ajouté encore à l'impopularité de l'Assemblée qui vient de finir, si conformément au vœu de l'*Economiste français*, journal qui applaudit dans le Rapport de M. Ducarre ses propres doctrines, ce Rapport avait été répandu parmi les ouvriers.

Mais, dira-t-on, cette Assemblée qui, malgré tout le mauvais vouloir de sa majorité pour la république, a fini cependant par la proclamer,— à contre-cœur et de très-mauvaise grâce il est vrai, — cette Assemblée n'existe plus, ni par conséquent sa grande commission du travail dont plusieurs membres, à commencer par le rapporteur M. Ducarre, n'ont point été réélus. A quoi bon discuter désormais l'œuvre mort-née d'une législature morte?

Distinguons : oui, l'Assemblée nationale de 1871, malgré la ténacité acharnée avec laquelle elle se cramponnait à la vie et au pouvoir, a dû enfin lâcher prise ; elle a pu entendre la nation, qui avait hâte d'être délivrée d'une tutrice incommode et revêche, entonner à ses obsèques un *Libera* pas du tout larmoyant. — Mais quant aux doctrines économiques de sa commission du travail, ce n'est pas du tout le cas de dire : *Morte la bête, mort le venin*. Non, ces doctrines subsistent; elles sont en grand honneur chez la plupart de nos hommes d'Etat, chez ceux mêmes du parti républicain; elles trônent à l'Académie des sciences morales et politiques, corporation (soit dit sans irrévérence envers les hommes de mérite qui en font partie) routinière, exclusive, qui, en philosophie et en économie sociale, a son orthodoxie à laquelle il faut, sous peine d'ostracisme, conformer tout ce qu'on lui adresse. N'était que le cœur lui manque et qu'une certaine pudeur ou plutôt encore la crainte de l'opinion l'arrête, volontiers l'Académie formulerait aussi son *Syllabus* qui ne serait guère plus libéral dans son genre que celui du Vatican.

En dépit de tous les sophismes de l'économie politique orthodoxe, proclamons-le bien haut : Il n'y a qu'un moyen de remédier efficacement aux maux de la société, c'est la pratique universelle de la justice, en commençant par la sphère du travail. Or, ce qu'ici la justice exige, c'est que l'échange de valeurs égales contre valeurs vraiment égales y devienne en réalité la règle; c'est que le travailleur obtienne en rémunération, l'équivalent de ce qu'il aura mis utilement dans son œuvre de force, d'intelligence et d'attention : cela n'est possible, on peut l'affirmer, que sous le régime de l'Association, étendu successivement à tous et embrassant tous les modes d'activité de chacun.

Le principe de justice est blessé toutes les fois que des concurrents industriels, placés dans des situations privilégiées, amènent une dépréciation des travaux analogues pratiqués sous l'empire des conditions communes, partant plus onéreuses. Ainsi, par exemple, le travail exécuté dans les prisons par des détenus que l'Etat nourrit, en faisant baisser le prix de l'œuvre similaire exécutée au dehors, devient une injustice au détriment du travail libre ; il fait parmi les ouvriers des besoigneux, des indigents, et par suite il prépare de nouveau gibier de prison.

De même, le travail des jeunes filles des ouvroirs religieux qui sont favorisés par les dons de la charité fait baisser le prix du travail semblable des ouvrières du dehors: De là des salaires insuffisants qui font qu'un grand nombre de jeunes femmes se trouvent réduites à chercher dans la prostitution un supplément au déficit du minimum de subsistance qu'elles ne peuvent obtenir de leur travail.

Chose bizarre, ce qui s'exécute de travail dans les prisons (et cependant l'oisiveté du détenu est un mal, je le reconnais) contribue à faire des voleurs ! Ce qui se fait de couture et autres besognes féminines dans beaucoup d'institutions pieuses, contribue à multiplier les prostituées !

C'est ainsi que dans l'état de choses actuel, les résultats sont presque toujours l'opposé de ceux qu'on avait en vue et qu'avec les meilleures intentions l'on se proposait d'atteindre. En un mot, c'est partout le CERCLE VICIEUX.

Et l'on conclurait, avec le rapporteur de la commission d'enquête parlementaire sur la condition des ouvriers, qu'IL N'Y A RIEN A FAIRE ! ! !

LA QUESTION DU TRAVAIL

DEVANT L'ASSEMBLÉE NATIONALE

I

EXAMEN DU RAPPORT DE LA COMMISSION D'ENQUÊTE PARLEMENTAIRE SUR LES CONDITIONS DU TRAVAIL EN FRANCE. — Salaires et rapports entre ouvriers et patrons, par M. DUCARRE.

Voici un document qui peut être considéré comme l'expression de l'opinion de nos classes dirigeantes sur la question qui se débat entre le travail et le capital. Il mérite, à ce titre, une attention particulière. Mais, force est bien de le reconnaître tout d'abord, ce document, tel qu'il est conçu, prouve, hélas! que nous sommes loin encore de l'entente, qui serait si désirable pourtant, entre les deux agents dont le concours est nécessaire pour toute production de richesse, de valeur ou d'utilité : mots qui, en économie politique, désignent une seule et même chose.

Une commission d'enquête parlementaire sur la condition des ouvriers a été instituée en avril 1872, sur la proposition de M. le duc d'Audiffret-Pasquier, qui en fut élu président. Elle comptait, parmi ses quarante-cinq membres, nommés d'ailleurs par les bureaux de l'Assemblée : MM. le comte de Melun, comte Benoist d'Azy, de Chabrol, de Cazenove de Pradine, Acloque, Lucien Brun, vicomte de Cumont, Depeyre, Godin (1), comte de

(1) M. Godin, de simple ouvrier serrurier, devenu un des plus grands industriels de notre pays, a fondé à Guise, sous le nom de *familistère*, un véritable palais, où se trouve logé hygiéniquement, confortablement tout le personnel de son usine s'élevant, femmes et enfants compris, à 1,200 têtes environ. L'établissement, en sus d'appartements particuliers pour les familles, contient des magasins d'approvisionnement, un lavoir et des séchoirs, un cercle avec sa bibliothèque, une crèche, des écoles. En un mot, rien n'a été négligé ni pour le bien-être ni pour la culture intellectuelle de la population.

Sous le titre de *Solutions sociales*, M. Godin a publié un livre dans lequel il exposé les principes qui l'ont dirigé dans l'institution du familistère ; il en donne les plans et les dispositions de manière à faciliter la tâche aux patrons qui voudraient imiter son généreux exemple.

M. Godin a aussi publié à la librairie de la Bibliothèque démocratique, 9, place Vendôme, quatre brochures sous les titres suivants : *Les Socialistes et les droits du travail ; — la Richesse au service du peuple ; — la Souveraineté et les droits du peuple ; — la Politique du travail et la politique des privilèges*. Ces écrits sont conçus dans un esprit diamétralement opposé à celui du Rapport de la commission.

Kergorlay, vicomte de Meaux, duc d'Harcourt, Target, Tirard, etc.

Entre tous ces honorables, parmi lesquels abondent les gens titrés, à peine se trouvait-il un seul homme (M. Godin) qui eût pratiqué successivement, comme ouvrier et comme patron, les conditions du travail, et qui eût en outre, sérieusement, sans prévention, pris connaissance des plans de réforme proposés par les novateurs contemporains, ces plans que le Rapport condamne tous en bloc comme chimériques ou même rétrogrades en comparaison de ce qui est.

La grande commission dont il s'agit se divisa en trois sous-commissions : la première, chargée de l'examen de la situation matérielle et économique. Celle-ci eut pour organe M. le comte de Melun, qui proposa, comme souverain remède, le retour aux croyances, sinon à tous les us et coutumes, du moyen âge. — La seconde sous-commission, à laquelle incombait la question des salaires et des rapports entre ouvriers et patrons, choisit pour interprète M. Ducarre, dont le Rapport, qui remplit avec ses annexes un volume de 366 pages *in-quarto*, a été inséré dans le *Journal officiel* des 15, 16, 17, 18, 19, 20, 21 et 22 novembre 1875.

Des engagements imposés à la commission

d'enquête parlementaire par la loi qui l'avait instituée, deux restent à remplir : le rapport de la troisième sous-commission et le rapport général qui devait résumer ses travaux.

Ces deux derniers rapports n'ont point été faits. A quoi, d'ailleurs, serviraient-ils ? L'Assemblée, qui, avec tant de sollicitude apparente, avait nommé cette grande commission d'enquête sur la condition des ouvriers au mois d'avril 1872, c'est-à-dire il y aura bientôt quatre ans, a cessé enfin d'exister. Les intrigues de parti, les questions de personnes ont pris une si grande part de son temps et de ses préoccupations que, pendant ces trois années et demie, elle n'a pu trouver un bout de séance pour s'occuper de la grosse question à laquelle elle avait paru vouloir s'attaquer.

Le Rapport de M. Ducarre n'a donc plus qu'un intérêt historique. Néanmoins, comme le sujet qu'il traite a une importance tout à fait capitale et que, certainement, il viendra s'imposer de nouveau à l'attention de nos futurs législateurs, nous avons jugé utile d'en faire un examen approfondi.

M. Ducarre est le fils de ses œuvres. D'un point de départ des plus modestes, il s'est élevé, par d'ingénieuses applications de la science aux arts industriels, à une grande position ; il a même été, dit-on, blessé glorieusement au champ d'honneur du travail, dans une opération de laboratoire ou d'usine. Ami de la liberté, il lutta dans les rangs de l'opposition républicaine contre l'empire. Elu à l'Assemblée nationale, en 1871, par le département du Rhône, à une plus forte majorité qu'aucun de ses collègues du même département, il a voté à peu près constamment avec la gauche modérée.

Le Rapport se recommandait donc non-seulement par l'importance de son objet, mais aussi par le caractère et les antécédents de son auteur. Pourquoi faut-il que l'honorable député du Rhône n'ait produit qu'une élucubration prolixe, aboutissant à cette conclusion digne de Pangloss : Tout est pour le mieux dans le régime actuel de l'industrie?

Autrefois du moins on consentait à dire : *Il y a quelque chose à faire*, ce qui n'engageait pas beaucoup, il est vrai. Aujourd'hui, l'on déclare carrément : Il n'y a rien à faire, qu'à laisser aller le monde comme il va. Tout ce qu'on y voudrait changer sous prétexte d'amélioration serait rétrogradation pure. Les partisans de l'association, de la coopération, des syndicats professionnels, ne tendent, qu'ils le sachent ou non, qu'à ressusciter, avec leurs abus, les corps de métiers, les maîtrises et les jurandes, qui ont été, aux applaudissements de toute la partie éclairée de la nation, abolis par nos grandes assemblées révolutionnaires, la Constituante de 1789 et la Convention.

Tel est, en effet, après un immense circuit, le point d'arrivée de M. le rapporteur et le mot de la fin de son volumineux travail. L'opinion qu'il y expose est sans doute celle de la majorité de ses collègues de la sous-commission, non pas de l'unanimité toutefois, car l'honorable M. Godin, par exemple, l'éminent et généreux fondateur du familistère de Guise, ne saurait, sans contredire et sa propre conduite et ses écrits, adhérer à la plupart des jugements formulés dans le Rapport.

Comme maître Petit-Jean dans la comédie, M. Ducarre a remonté jusqu'au déluge et même au delà pour expliquer la division du travail, l'origine du commerce, etc.

« L'histoire du commerce, dit-il, est un peu celle de la civilisation. La résumer serait une tâche immense, qui heureusement n'est pas dans notre programme. »

Et, nonobstant cette judicieuse réflexion, M. le rapporteur se lance, à propos du commerce, dans le pompeux hors-d'œuvre que voici :

« Il faudrait suivre ses évolutions, depuis les

caravanes du monde antique qui mettaient l'Inde en communication avec Palmyre, Tyr, Sydon, Alexandrie, Carthage, d'où les navires phéniciens portaient leurs marchandises dans les Gaules, en Espagne et jusque dans la Baltique.

« Il faudrait faire l'histoire commerciale de Venise, de Gênes, de la Hollande, pour arriver aux temps modernes, aux grands navires à vapeur qui font les services de l'Orient, de la Chine et du Japon par le canal de Suez, aux 147 transatlantiques qui relient l'Europe à l'Amérique du Nord avec transmission instantanée de l'avis de leur départ, de leur arrivée, par trois câbles électriques.

« Il faudrait parler de ces immenses réseaux de voies ferrées qui couvrent nos continents, et rappeler enfin que la locomotive, remplaçant la caravane, ramène aujourd'hui de Nijnï-Novgorod les thés de Chine et les produits de l'extrême Orient.

« Partout, toujours, sous tous les régimes, le commerce et les transactions exigent une condition première : la sécurité. Ils s'arrêtent dès qu'elle est compromise, au dedans par l'anarchie ou le despotisme, au dehors par la guerre ou la barbarie.

« Suivant les temps, les mœurs, les climats,

les rapports des échanges et du commerce ont été réglementés ou plus ou moins libres, mais partout et toujours la réglementation a précédé la liberté. » (*Rapport*, p. 10 et 11.)

Ce dithyrambe ne nous apprend pas en quoi précisément consiste la fonction du commerce, ni surtout s'il l'accomplit au mieux des intérêts du corps social. Un critique, de tempérament très-mercantile, puisqu'il vendait ses éloges et faisait payer aux artistes jusqu'à son silence, le feuilletoniste Geoffroy, définissait le commerce : « l'art d'acheter 3 fr. ce qui en vaut 6 ; » à quoi Fourier ajoutait : « et de revendre 9 fr. ce qu'on a payé 3 fr., » s'enrichissant ainsi tour à tour aux dépens du producteur et du consommateur.

Faire passer les denrées des mains du premier à celles du second, tel est l'office, le rôle utile du commerce. Remplit-il économiquement, honnêtement, sans malversations, cet office ? Loin de là, et le manque de sécurité dans les transactions ne provient pas seulement des torts de gouvernements soit anarchiques, soit despotiques, mais bien plus souvent encore des prévarications du commerce lui-même. Prenez toute la gent commerçante et trafiquante, depuis les coryphées de la haute spéculation qui brassent les grandes affaires jusqu'aux petits détaillants qui fraudent sur la qualité et sur la quantité de la marchandise, et supputez la somme de méfaits et de désordres à porter à son compte ! Les engorgements et les disettes factices, causes de chômages et de mortalité, sont l'œuvre des premiers, ainsi que les banqueroutes colossales qui jettent le désarroi et la ruine dans le monde industriel ; — l'empoisonnement du populaire par des boissons et des comestibles frelatés, c'est le fait journalier des seconds.

Et l'on ne trouve pas que le commerce jouisse encore d'assez de liberté comme cela ! Mais l'idéal de la liberté, sous ce rapport, existe en Chine, où nulle fraude, dit-on, n'est réprimée par la loi, où le marchand qui sait le mieux tromper est, entre tous ses confrères, le plus applaudi, le plus considéré.

Le Rapport a posé un principe qui ne rencontre guère son application dans la pratique commerciale, même ou plutôt surtout sous le régime de la libre concurrence : il dit que l'idéal de justice se trouve dans l'échange de *valeurs égales.* — Or, l'étude à peu près constante du commerçant est d'échanger des valeurs moindres contre des valeurs plus fortes et de s'enrichir par la différence.

Il y a un autre principe proclamé dans le Rapport, principe analogue au précédent, et qui mériterait d'être inscrit sur la porte de tous les établissements industriels :

« L'ouvrier est le premier producteur, sa rémunération doit être d'une valeur égale à celle qu'il a produite par son travail. »

Le Rapport, à la vérité, fait suivre ceci d'une série de *mais* énumérant toutes les circonstances qui empêchent qu'il en soit directement ainsi : la nécessité pour l'ouvrier de toucher immédiatement sa rémunération, avant que le produit soit réalisé, etc., etc.

Toutefois, retenons bien cet axiome : La rémunération de l'ouvrier doit être d'UNE VALEUR ÉGALE à celle qu'il a produite par son travail.

Proudhon lui-même ne demandait pas davantage pour l'ouvrier. Mais il jugeait que, pour en arriver là, force était d'abolir la propriété et l'intérêt du capital; en quoi nous pensons, nous, que Proudhon se trompait : on peut être juste envers le travail accompli que le capital représente, sans prendre sur la part légitime du travail en cours d'exercice. Loin que ces deux termes soient antinomiques, désormais le premier est devenu presque toujours la condition *sine qua non* du second, auquel il communique une puissance et une fécondité merveilleuses qui seraient tout à fait impossibles sans le concours du capital sous ses diverses formes.

Pour rendre possible le payement de l'ouvrier avant la vente du produit de son travail, M. Ducarre admet qu'il intervient entre lui et le patron, sous le nom de salaire, une évaluation amiable. — Adam Smith, le père de l'économie politique, n'appréciait pas, lui, cette évaluation si bénignement. Dans le débat qui s'élève entre les ouvriers et les maîtres au sujet du taux des salaires, « il n'est pas, disait-il, difficile de deviner laquelle des deux parties doit obtenir gain de cause et forcer l'autre à subir ses conditions. » (*Recherches sur les causes et la nature de la richesse des nations*, tome Ier, liv. Ier, ch. VIII.)

Mais, admettons que par exception l'inverse soit vrai quelquefois, et que l'ouvrier à son tour fasse, à un moment donné, la loi au patron. Le cas n'en est pas moins fâcheux et inique. La bonne règle serait qu'ils échangeassent toujours valeur égale contre égale valeur, sans que jamais ni l'un ni l'autre mît dans la balance l'épée de Brennus, en disant comme lui : Malheur au plus faible !

Or, c'est là le but que s'étaient proposé les auteurs des systèmes d'organisation du travail à la réfutation desquels M. Ducarre a consacré un chapitre. D'un aperçu très-sommaire qu'il a donné de ces systèmes, l'auteur du Rapport a prétendu faire ressortir l'impraticabilité absolue de chacun d'eux, et même le caractère rétrograde qu'ils présenteraient tous comparativement à ce qui existe aujourd'hui. La démonstration ne semblera peut-être pas de tout point concluante aux partisans des plans de réforme ainsi sommairement jugés et exécutés.

Pour mon compte, j'en appelle de la sentence portée sur la doctrine de l'association ou théorie sociétaire de Charles Fourier, très-imparfaitement exposée par M. Ducarre et condamnée pêle-mêle avec les autres conceptions socialistes.

M. le rapporteur a examiné les conditions du travail en France depuis la période gallo-romaine jusqu'à l'époque de la Révolution.

Je ne saurais avec lui remonter aussi loin, ce qui allongerait outre mesure mon travail et n'aurait qu'un intérêt médiocre par rapport à la question telle qu'elle se pose de nos jours (1).

(1) Le résumé historique fait par M. Ducarre ne manque pas au surplus de talent ni d'intérêt. L'auteur y rappelle comment, à Rome, les corporations d'artisans (*collegia fabrorum*) et chez nous les corps de métiers se mêlèrent activement aux luttes politiques de leurs époques. Avec de tels précédents, comment pourrait on espérer désormais d'interdire la politique à nos

Qu'il suffise de rappeler que l'institution des corps de métiers, réglementée au XIIIe siècle par Etienne Boileau, prévôt de Paris, au XVIIe par Colbert, fut supprimée momentanément par Turgot pendant son court ministère (1776), puis définitivement par la Constituante en 1791. De cette dernière époque, date le régime de la liberté *individuelle* du travail, que M. Ducarre oppose à ce qu'il nomme lui-même « la liberté *collective* du moyen âge, » ne voyant de l'un que ses bons côtés, de l'autre que les mauvais, c'est-à-dire ses abus, qui étaient grands et nombreux, tout le monde en convient.

Ayant ainsi, dès le principe, affirmé l'excellence du régime de l'industrie établi par le législateur de 1791, M. le rapporteur ne se préoccupe plus que de justifier à tout prix le bien fondé de son opinion, et contre les systèmes d'organisation du

ouvriers pour qui, depuis le suffrage universel, c'est un droit et un devoir d'y participer directement?

A propos du *Livre des métiers* d'Etienne Boileau, M. Ducarre cite un passage du sire de Joinville qui fait voir jusqu'où le célèbre prévôt de Paris poussait la sévérité et l'impartialité de sa justice : « Il fit pendre un sien filleul parce que sa mère lui dit qu'il ne pouvait se retenir de rober. *Item* un sien compère qui avait nié une somme d'argent que son hoste lui avait baillée à garder. » — Il faut croire que la mère dont il est ici question ne se doutait pas de la terrible conséquence qu'aurait son dire par rapport à son fils. N'importe, c'était un rude justicier que le prévost Estienne Boileaüe.

travail des écoles socialistes, et contre les réclamations des ouvriers, qui, eux, se prétendent lésés dans leurs intérêts et dans leurs droits par le présent état de choses.

II

LE RAPPORT ET LES SYSTÈMES D'ORGANISATION DU TRAVAIL.

Au cours même de la Révolution, le rapporteur rencontre le plan de communisme brutal de Gracchus Babeuf, le *Manifeste des égaux*, qui faillit mettre Paris à feu et à sang, car une redoutable conspiration avait été ourdie pour en amener le triomphe par la violence. Mais, au moment d'éclater, le complot fut découvert, et les chefs payèrent de leurs têtes cette audacieuse tentative de bouleversement, non plus seulement politique, mais social.

« Arrivons, continue le Rapport, aux chercheurs

sérieux. Le premier en date est Saint-Simon qui disait en mourant (1825) à Olinde Rodrigue : « Toute ma vie se résume en une seule pensée : « assurer à tous les hommes le libre développe-« ment de leurs facultés. » — Sa doctrine répondait-elle à cette pensée ? »

Le rapporteur n'a pas de peine à faire voir que l'école saint-simonienne aboutissait à une théocratie aussi abusive qu'aucune de celles qui aient pesé sur la tête et sur les épaules des peuples.

« En 1831, poursuit M. Ducarre (il serait plus exact de dire 1832 ou même 1833), après des tentatives d'organisation à Paris (Ménilmontant), à Lyon, Marseille, le groupe se dispersa ; les hommes de grande valeur qui s'y étaient un instant engagés, portèrent leur activité dans les voyages, les arts et les sciences, dans les grandes entreprises industrielles qu'ils dotèrent du puissant levier de l'association, seule idée neuve, émise par leur école. »

Ici M. le rapporteur de la commission se montre généreux envers l'école saint-simonienne, aux dépens de celle dont il va tout à l'heure parler. L'idée de l'association n'appartient point à la première dont les chefs n'enrichirent de ce mot leur programme et leurs formules qu'après avoir eu connaissance des livres de Fourier, qui donnaient la vraie et seule théorie de l'association qu'on ait jamais produite.

Dans les grandes entreprises industrielles où ils intervinrent, les saint-simoniens n'apportèrent, en fait d'association, rien de plus que celle des capitaux. Or, l'association des capitaux était depuis longtemps connue et usitée ; elle présida chez nous à la formation des compagnies de chemins de fer et autres analogues, sans que l'influence d'aucune idée théorique nouvelle concourût sensiblement à ce résultat. Bien des années après, sous le second empire, l'ex-pape Enfantin conseilla, au profit de certaines compagnies plus que dans l'intérêt du public, des fusions qui s'accomplirent ; mais l'association véritable, qui doit embrasser tous les coopérateurs, aussi bien ceux qui donnent leur concours en travail manuel que les bailleurs de fonds et les directeurs, l'association n'a rien à voir dans ces fusions intéressées de telle et telle compagnie de capitalistes.

Revenons au Rapport. « L'école de Fourier, y est-il dit, qui succéda à celle de Saint-Simon... » Pardon, Monsieur Ducarre, elle en était pour le moins contemporaine. Les premiers aperçus de la doctrine de Fourier se produisaient dans les journaux de Lyon en l'an XII, à la même époque où Saint-Simon publiait son premier écrit : *Lettres d'un habitant de Genève.* En 1808 parut l'ouvrage de Fourier intitulé : *Théorie des quatre mouvements et des destinées générales ;* en 1822, le *Traité de l'Association domestique agricole ;* en 1829, le *Nouveau Monde industriel et sociétaire.* On voit par ces dates que, si l'école de Saint-Simon parvint, avant celle de Fourier, à attirer l'attention du public, la doctrine du second se trouvait constituée depuis longtemps déjà lorsque commencèrent les prédications saint-simoniennes.

Rendons la parole à M. le rapporteur :

« L'école de Fourier qui succéda à celle de Saint-Simon était plus abstraite, plus philosophique et sentimentale.

« Newton avait trouvé et formulé l'attraction matérielle qui explique l'harmonie physique des mondes; Charles Fourier crut avoir découvert l'attraction passionnelle qui résolvait le problème de l'harmonie sociale.

« Chaque homme, disait Fourier, a des désirs; il se sent poussé à chaque instant de sa vie par une force intérieure vers l'accomplissement de certains actes ou vers la possession de certains objets. Voilà l'attraction passionnée, impulsion donnée par la nature antérieurement à la réflexion et persistante malgré l'opposition de la raison, du devoir, du préjugé, etc.

« Le réformateur classait, divisait passions, penchants, tendances, etc.; il arrivait à produire le concert, à rendre le travail attrayant, en mettant tout travail à portée de la passion qui est naturellement attirée vers lui; il entrait à cet égard dans des détails difficiles à résumer sérieusement.

« Pour appliquer ce système, il fallait un milieu approprié. Fourier l'appelle le phalanstère, il le définit, le décrit, le dessine. C'est la ruche avec ses alvéoles, l'abbaye avec ses cellules!...

« Nous n'insisterons pas sur cette ingénieuse conception, elle séduisit nombre de jeunes gens intelligents. Deux tentatives de phalanstère à Condé-sur-Vesgres et à Cîteaux échouèrent cependant (1). Puis le fouriérisme rentra dans le domaine des théories et des abstractions.

« Les écoles saint-simonienne et phalanstérienne étaient des conceptions d'un ordre très élevé. Elles passèrent au-dessus des masses à l'esprit desquelles elles échappaient. Il en fut autrement de l'école icarienne... »

L'attraction passionnelle, assez exactement définie par M. Ducarre, exige cependant quelques explications, afin de faire comprendre le rôle que

(1) Ces tentatives, on l'a répété vingt fois, ne consistèrent qu'en préparatifs d'essais de la théorie, préparatifs arrêtés dans leurs cours faute de ressources suffisantes, bien longtemps avant que l'essai des dispositions sociétaires pût être commencé.

Fourier lui attribue comme ressort principal dans son organisation industrielle. Suivant lui, elle tend à trois buts qui sont : 1° le bien-être matériel, le confort ; 2° les liens affectueux, principe de toute sociabilité : amitié, amour, famille, sentiment hiérarchique ; 3° enfin la distribution par *séries*, qui permet seule l'emploi utile, la satisfaction de trois tendances qui existent, plus ou moins prononcées chez tous les hommes et qui sont : le besoin d'émulation, de rivalité ; le besoin d'alternance et de changement périodique dans les occupations, dans les plaisirs mêmes ; celui enfin d'une excitation enthousiaste que font naître certaines circonstances de collaboration ou de genre de travail, passionnément adopté.

C'est en s'adressant à ces divers mobiles, c'est par la mise en jeu surtout de ces trois derniers ressorts dans un mode d'organisation industrielle approprié à leur nature et qu'il nommait le système des séries contrastées et rivalisées, que Fourier se flattait de rendre attrayants la plupart des travaux de l'agriculture, de la fabrique et du ménage, réservant pour ceux qui ne seraient pas susceptibles d'attrait direct des rémunérations plus fortes soit en argent, soit en considération et en honneur.

Sans entrer dans tous ces détails, M. le rapporteur aurait au moins dû mentionner la formule caractéristique de l'école de Fourier : ASSOCIATION DU CAPITAL, DU TRAVAIL ET DU TALENT ; *Répartition proportionnelle au concours de chaque sociétaire dans ces trois facultés*. Par ce simple énoncé, il aurait mieux renseigné ses lecteurs sur l'objet essentiel de la théorie et sur le principe de la répartition dans le phalanstère qu'en disant comme il l'a fait, « qu'elle se fonde sur l'harmonie des volontés. »

Si encore on eût indiqué quelques-uns des nombreux et si ingénieux moyens mis en œuvre par l'inventeur du phalanstère pour amener et maintenir cette harmonie des volontés ! les ralliements divers, par exemple, entre la classe pauvre et la classe riche, — à supposer qu'avec les fortunes *inégales*, échelonnées, que comporte et qu'exige même la phalange, il dût y avoir encore dans son sein une classe pauvre proprement dite. Tout le monde n'y aurait pas le même degré d'opulence ; mais personne, à coup sûr, n'y connaîtrait la misère abjecte et le dénûment.

Après ce reproche d'omission adressé à M. le rapporteur, nous devons le remercier de la justice qu'il a rendue sur un point important aux deux écoles saint-simonienne et phalanstérienne, en constatant « que par l'élévation même de leurs conceptions elles avaient passé au-dessus des masses à l'esprit desquelles elles échappaient. »

D'après cela, il est donc tout à fait injuste de leur imputer comme on l'a fait souvent, une part dans les révoltes populaires qui ont éclaté chez nous depuis l'époque où s'exerça leur propagande.

D'un autre côté, que pourrait-il revenir à ces deux écoles du blâme exprimé par M. Ducarre dans les termes suivants, à la fin de son chapitre sur les systèmes d'organisation du travail ?

« Après cette énumération on ne sait ce qu'il faut le plus admirer, des immenses progrès du travail industriel français, malgré de longues guerres, le blocus continental, quatre révolutions et deux invasions, ou du rare bon sens de la population ouvrière française qui, résistant aux rêveries, aux aberrations, aux excitations de toute nature, a gardé cette intelligence, cette activité, qui assurent à nos produits une place d'honneur sur tous les marchés du monde. »

Il semble que les auteurs des systèmes socialistes, si malmenés par le rapporteur de la commission parlementaire, n'ont été pour rien dans le blocus continental, dans les guerres, les invasions, et pour très-peu de chose, en tout cas, dans les révolutions, ces grandes calamités évoquées à leur propos, on ne sait pourquoi. Les excitations populaires sont le fait des politiciens, bien plus que des sincères amis des réformes sociales. Ceux-ci, malgré leur préférence pour les pouvoirs électifs, s'accommodent volontiers du gouvernement existant, pour peu qu'il se montre tolérant et libéral, tandis que les hommes de parti sont toujours prêts à susciter une révolution pour le triomphe de leur cause. Cela n'est pas moins vrai des soi-disant conservateurs que des radicaux, qu'ils incriminent tant sous ce rapport.

Quoi qu'il en soit et pour revenir à la théorie sociétaire, ceux qui, pour l'apprécier, n'auraient que l'aperçu présenté par M. Ducarre, en concevraient à coup sûr une bien pauvre idée. Un couvent avec ses cellules ne représente en aucune façon l'habitation de la phalange industrielle de Fourier. Cette habitation, destinée à l'activité féconde, au développement et à l'emploi utile de toutes les facultés de l'âme et du corps, contient d'abord des salles pour les divers ordres de travaux à exécuter collectivement ; d'autres pour les repas de corps et les réunions publiques ; enfin des logements de famille de prix variés pour les différents degrés de fortune. Rien donc qui ressemble moins à un couvent ou à une caserne que le phalanstère.

Le réformateur ne classait point arbitrairement, comme il semblerait résulter des termes du Rapport, les passions, penchants, etc. Mais après une observation attentive et approfondie de ces passions auxquelles tous les hommes obéissent, y compris ceux qui prêchent les autres sur ce point, Fourier découvrit que ces puissants mobiles, sources de tant de désordres dans l'état actuel, pourraient, dans un milieu favorable à leur essor harmonique, produire autant de biens qu'ils causent aujourd'hui de maux. De là il fut conduit à la recherche de combinaisons qui permettraient, qui assureraient l'emploi des passions — ces forces incompressibles — à l'œuvre de la production et à tous les services qu'exige la vie sociale. Il vit que la condition essentielle pour obtenir ce résultat, c'était de distribuer les fonctions par séries, à chacune desquelles s'attacheraient un certain nombre de groupes de travailleurs, échelonnés eux-mêmes de façon à rapprocher les créateurs de produits similaires et à exciter entre eux une vive émulation. Une autre disposition que la première rend possible et facile, c'est la faculté pour chaque travailleur de changer de temps en temps d'occupation, de façon à éviter l'ennui, la tiédeur qu'entraîne nécessairement la fixité dans un même travail pendant toute une moitié de journée et plus longtemps quelquefois. Ce qui ajoute encore à cette monotonie écœurante, c'est qu'il faut recommencer le lendemain la même tâche sans diversité aucune, et ainsi de suite d'un bout de l'année à l'autre.

En laissant de côté toutes ces ingénieuses combinaisons de la théorie de Fourier, combinaisons fondées d'ailleurs sur une étude approfondie de la nature humaine, il est aisé de lui donner une apparence d'utopie chimérique.

Puisqu'il se décidait à mentionner la doctrine de l'association dans un Rapport fait au nom d'une commission parlementaire, l'honorable M. Ducarre aurait dû se renseigner plus complétement sur le fond très positif, sur le caractère vraiment scientifique de cette doctrine, avant de lui opposer, comme à toutes les rêveries et fantaisies d'autres réformateurs, une fin de non-recevoir absolue. Il aurait vu notamment qu'elle comprend et réalise quelques-unes des améliorations par lui citées avec éloge, telles que la translation des usines et des ateliers de fabrique dans les campagnes et l'adjonction des travaux de culture aux travaux industriels. Le phalanstère est une entreprise à base agricole sur laquelle se greffent un certain nombre d'industries.

M. le rapporteur déplore que sur tous les points

de la France les jeunes gens les plus intelligents désertent les campagnes, abandonnent la profession de leurs parents, se portent vers les villes et les grands centres où les attirent l'espoir de gains plus considérables, la convoitise des plaisirs faciles, et il accuse de contribuer à ces résultats fâcheux l'instruction telle qu'elle est donnée dans les écoles, où rien de professionnel n'est enseigné.

Nous ne croyons pas que la part de l'instruction *primaire*, dans le mal signalé, soit aussi grande que la fait M. le rapporteur, d'après les avis de certains comices agricoles. La médiocrité des salaires ruraux comparés à ceux des villes, le manque, non pas seulement de plaisirs illicites, mais encore de distractions et d'amusements honnêtes dans les campagnes, telles sont les deux principales causes de leur abandon par tout ce qu'il y a d.. la jeunesse de plus éveillé, de plus dégourdi, de plus entreprenant, avec un grain d'ambition au cœur ou dans la tête. Le goût de la sociabilité et de l'indépendance contribue autant que l'appât des salaires plus élevés à attirer la jeunesse dans les villes.

Ce n'est point parce que le sol de la France aura été divisé, comme M. Ducarre s'en félicite, en 127 millions de parcelles, représentées par 14 millions de cotes d'impôt, qu'on arrêtera ce funeste mouvement d'émigration des campagnes vers les grandes villes. Rien de plus triste, rien de plus contraire à l'avenir de notre agriculture, que ce morcellement excessif, que cet effritement de la terre, qui ne permet déjà plus, dans certaines contrées, l'élevage des chevaux et du gros bétail.

Ce phénomène du déplacement de la population rurale est une réponse à certaines assertions optimistes du Rapport. S'il était aussi facile que ce document l'affirme, de passer de la position de valet de ferme à celle de petit propriétaire foncier, on ne verrait pas tant de domestiques abandonner le travail des champs pour aller chercher fortune dans les villes. A qui d'ailleurs pense-t-on faire illusion avec ce chiffre de NEUF MILLIONS de propriétaires? La moitié pour le moins de ces propriétaires ne pourraient pas vivre du mince produit qu'ils tirent de leurs petits lopins de terre. Il leur faut, pour ne pas mourir de faim, trouver à s'employer dans les fermes de leur voisinage. L'accès de tous à la propriété du sol ne saurait avoir lieu sans préjudice pour l'agriculture elle-même qu'à une condition : c'est que cette propriété soit transformée en *actions*, permettant l'exploitation unitaire de domaines d'une certaine étendue, quel que soit le nombre de possesseurs des titres représentant la propriété des susdits domaines. Ce sera l'application à l'industrie agricole de ce qui se fait déjà pour une partie de nos mines, de nos forges et de nos grands établissements manufacturiers, qui appartiennent à des compagnies d'actionnaires.

C'est vers l'association qu'il faut tourner ses vues pour remédier aux maux de l'état présent de l'industrie, à l'antagonisme des ouvriers et des patrons, en d'autres termes des salariés et des capitalistes. Car le rapporteur fait bien voir que les syndicats professionnels, recommandés comme une sorte de panacée, syndicats de patrons d'une part, syndicats d'ouvriers d'autre part, ne faisant pas cesser l'opposition d'intérêt entre les contendants, n'auront d'autre effet quelquefois que d'accentuer les dissidences et de rendre plus aiguës les crises. D'ailleurs, l'établissement des syndicats n'est guère possible que dans Paris et dans quelques autres grandes villes.

Malgré sa disposition à voir tout en beau dans le régime industriel de l'individualisme absolu et de la libre concurrence sans frein ni règle, M. Ducarre avoue cependant qu'il en résulte parfois une production excessive qui avilit les prix de vente et ruine les producteurs, ouvriers et patrons. « Il y a là, ajoute-t-il, une question de mesure qui sera toujours la grande préoccupation des industriels et des patrons. »

Mais dans l'état actuel d'incohérence où chacun de son côté produit au hasard sans savoir d'ordinaire ce que font de leur côté ses concurrents, quels moyens peut-on avoir d'apprécier cette question de mesure? Ajoutez à cette cause d'obscurité les complications provenant des spéculations commerciales, des accaparements, etc.

M. le rapporteur est bien obligé de reconnaître aussi que sous le régime, objet de toute sa prédilection, il n'y a plus d'apprentissage sérieux et que par conséquent il ne se forme pour ainsi dire plus d'habiles ouvriers. C'est là un inconvénient qui n'est pas de peu d'importance au point de vue de l'intérêt des patrons eux-mêmes et de l'avenir de notre industrie.

A tout ce que M. Ducarre allègue contre les *grèves*, plus onéreuses, plus funestes encore aux ouvriers qu'aux patrons, je donne bien volontiers mon assentiment.

Mais, dans les considérations qu'il émet à ce propos, il y a lieu d'éclaircir certaine confusion.

En parlant des préventions que rencontre le régime de la liberté individuelle du travail chez les patrons et les ouvriers, M. le rapporteur dit :

« Dans les deux camps on ignorait que loin

d'être opposés et rivaux, les intérêts des patrons et des ouvriers sont liés par une étroite solidarité, qu'il n'y a pas de véritable prospérité pour une industrie quand l'ouvrier n'y trouve pas une équitable rémunération, quand il n'y est pas affranchi de la crainte du chômage et du manque de travail. »

Sans doute, à un certain point de vue, les intérêts des patrons et des ouvriers sont solidaires. Il leur importe, aux uns et aux autres, par exemple, que les commandes et les marchés et les débouchés avantageux ne leur manquent pas, non plus que les matières premières. Sous ce rapport il y a solidarité entre eux ; mais cela empêche-t-il que sur le taux du salaire ils ne soient en opposition directe d'intérêt? A. Smith le constate formellement. « Les ouvriers, dit-il, désirent obtenir le plus et les maîtres accorder le moins qu'ils peuvent. »

Pourquoi nos économistes, tout en se disant les disciples et les continuateurs d'A. Smith, affectent-ils de ne point voir cette contrariété d'intérêt, qui est l'origine de toutes les mésintelligences entre ouvriers et patrons, la cause des coalitions et des grèves, et de tous les maux, de tous les désordres qui en sont la conséquence ? Pour en finir avec ces crises, il faut trouver le moyen d'accorder les deux intérêts actuellement opposés et en lutte.

« Il n'y a pas, dit M. Ducarre, de véritable prospérité pour une industrie, quand l'ouvrier n'y trouve pas une équitable rémunération, quand il n'y est pas affranchi de la crainte du chômage et du manque de travail. »

C'est précisément parce que ces conditions ne sauraient jamais être garanties dans l'état d'incohérence qui caractérise notre régime industriel que les novateurs socialistes en ont demandé la réforme, objet pareillement des aspirations de plus en plus conscientes des ouvriers. Nier systématiquement les vices de l'état présent du travail et en exalter les avantages comparativement à la réglementation abusive du passé, ce n'est répondre ni aux justes critiques des premiers ni aux griefs fondés des seconds.

En s'exprimant comme le fait M. Ducarre dans les lignes dernièrement citées de son Rapport, on ne prend pas garde qu'on pose de beaux principes, constamment démentis par la réalité telle que la produit la constitution actuelle de l'industrie.

La rémunération insuffisante, surtout en ce qui concerne les simples manouvriers et les femmes ; pour tous, à peu près, le retour périodique du chômage et des interruptions de travail, y sont la règle et non pas l'exception. A cela point de remède en dehors d'une organisation du travail qui associe le capital et le travail, les directeurs de l'industrie et leurs coopérateurs de tous les degrés.

III

LE RAPPORT ET TURGOT.

L'auteur du Rapport a voulu mettre son œuvre sous le glorieux patronage d'un ministre ami sincère du peuple, Turgot ; il a reproduit en entier le préambule de l'édit de suppression des jurandes à la date de février 1776 :

« Louis, etc., nous devons à tous nos sujets de leur assurer la jouissance pleine et entière de leurs droits ; nous devons surtout cette protection à cette classe d'hommes qui, n'ayant de propriété que leur travail et leur industrie, ont d'autant plus le besoin et le droit d'employer dans toute

3.

leur étendue les seules ressources qu'ils aient pour subsister.

« Nous avons vu avec peine les atteintes multipliées qu'ont données à ce droit naturel et commun, des institutions, anciennes à la vérité, mais que ni le temps, ni l'opinion, ni les actes même émanés de l'autorité qui semble les avoir consacrés, n'ont pu légitimer...

« Dieu en donnant à l'homme des besoins, en lui rendant nécessaire la ressource du travail, a fait du droit de travailler la propriété de tout homme, et cette propriété est la première, la plus sacrée, la plus imprescriptible de toutes.

« Nous regardons comme un des premiers devoirs de notre justice et comme un des actes les plus dignes de notre bienfaisance, d'affranchir nos sujets de toutes les atteintes portées à ce droit inaliénable de l'humanité. »

Qui n'applaudirait au généreux langage mis dans la bouche de Louis XVI par son éminent ministre ? Loin d'en méconnaître la justesse et l'élévation, les écoles socialistes l'ont cité souvent à l'appui de leurs revendications en faveur d'une organisation industrielle autre que celle qui existe et plus conforme au but de garantir effectivement le droit de travailler, cette propriété la plus sacrée et la première de toutes, puisqu'aujourd'hui on en est venu, et avec raison, à regarder le travail comme l'unique source légitime de la propriété.

C'est qu'en effet, l'expérience, une cruelle expérience, nous a démontré que ce qu'on préconise sous le nom de régime de la liberté individuelle du travail ne garantit aucunement à qui n'a par lui-même ni instruments de travail, ni capital, la faculté de travailler, en d'autres termes, le droit de vivre. Le prétendu régime de liberté ne réalise habituellement que l'oppression des classes laborieuses, quelquefois aussi l'oppression des chefs d'industrie eux-mêmes, quand ils se voient, par exemple, sous la pression, soit d'une concurrence déréglée, soit de manœuvres commerciales, soit de crises politiques, réduits à l'alternative de renvoyer leurs ouvriers ou de produire à perte et par conséquent de courir à leur ruine.

Les entraves dont Turgot voulait délivrer le travail n'étaient pas toutes dans les corporations abusives qu'il tenta de supprimer. La preuve, c'est qu'après que cette suppression a été opérée depuis quatre-vingts ans par la Révolution, le sort de nos ouvriers reste encore à beaucoup d'égards misérable et surtout précaire, la plupart vivant au jour le jour sans certitude du travail du lendemain.

Ah ! si le grand homme dont M. Ducarre a invoqué le témoignage en faveur des conclusions de son Rapport, si Turgot vivait de nos jours, en présence des misères de ce prolétariat qu'a créé en grande partie et que développe de plus en plus la marche de notre monde industriel, il serait avec les partisans des réformes sociales et non pas avec les satisfaits qui ne cherchent que des fins de non-recevoir contre elles dans une étude par trop complaisante et partiale des faits économiques.

IV

LE RAPPORT ET LA DÉLÉGATION OUVRIÈRE A L'EXPOSITION DE VIENNE.

Dans ses réponses aux divers rapports de la délégation ouvrière à l'Exposition de Vienne, M. Ducarre se prévaut de ce même optimisme que nous avons signalé. Aux observations sur la médiocrité, sur l'insuffisance des salaires dans certaines professions, le rapporteur oppose une statistique qui établit que depuis 1853, c'est-à-dire en vingt ans, la hausse des salaires à la journée a été de 40 pour 100, soit 2 pour 100 par an. Mais il ne tient pas compte de ce fait, que le prix des vivres, celui de la viande surtout, et les prix de location des logements dans les villes, ont augmenté dans une proportion encore plus forte.

M. le rapporteur convient qu'il a largement puisé pour les renseignements dans l'ouvrage de M. Levasseur (*Histoire des classes ouvrières en France*). Que n'a-t-il tenu compte du passage suivant de ce livre, écrit d'ailleurs dans le même esprit que le Rapport et à la plus grande gloire de l'économie politique du *Laissez faire, laissez passer* :

« Quand la statistique cherche à aligner les chiffres de leur budget (du budget des ouvriers) elle trouve d'ordinaire un déficit régulier, et elle se demande de combien la moindre maladie ou le chômage doivent aggraver cette pénible situation. Sur dix ménages de Mulhouse ou des environs, M. Reybaud en trouvait six dont le déficit variait de 3 fr. 60 à 17 fr. 25 (1). »

Un peu plus loin le même auteur ajoute cette remarque déjà faite par A. Smith et par J. B. Say : « Le prix de la journée pour le simple manœuvre tend toujours à se rapprocher de la somme strictement nécessaire à sa subsistance et à son entretien. » (CH. LEVASSEUR, *Histoire des classes ouvrières en France*. T. II. *Conclusion*. P. 322.)

(1) Voyez sur le même sujet un très-intéressant petit volume de la Bibliothèque utile intitulé : *le Budget du foyer*, par H. Leneveux. Librairie Pagnerre, rue de Seine, 18.

Les délégués portefeuillistes avaient dit : « Grâce aux réformes sociales de la Révolution, les ouvriers peuvent légalement arriver au patronat. Mais est-il possible de rêver que tous puissent devenir patrons ? Evidemment non ; pour quelques-uns qui arrivent à cette position, grâce à des circonstances plus ou moins heureuses, combien n'en voyons-nous pas succomber ? au moins 8 sur 10 ; ce n'est donc pas là une solution. »

A quoi M. le rapporteur se contente d'objecter « qu'en France on compte 800,000 patrons pour 2,400,000 ouvriers ; soit 1 sur 3 (1). »

Mais à supposer que tous les patrons provinssent de la classe des ouvriers, il resterait encore les deux tiers de ceux-ci qui ne sortiraient jamais de cette situation. Or, c'est du sort de la masse qu'il faut surtout s'occuper ; et que fait à celle-ci le succès, l'élévation exceptionnelle de quelques individus, fussent-ils au nombre d'un sur quatre ou sur trois ?

« La science, dit M. le rapporteur, les machines, la concentration des capitaux, auraient-ils donc à ce point modifié le régime de l'industrie française

(1) L'auteur du Rapport est obligé de convenir que pour Paris la proportion est très-différente. « On compte, dit-il, dans l'industrie parisienne, 38,772 patrons et 550,000 ouvriers. A Paris le rapport serait donc comme 48 est à 4, soit 12 ouvriers pour 1 patron. »

que l'accession au patronat y soit devenue presque impossible ? »

N'en déplaise à l'auteur du Rapport, cela est en très-grande partie vrai et le deviendra de plus en plus par les envahissements progressifs et inévitables de la grande industrie. Est-ce que l'ouvrier, le contre-maître employés dans nos mines, dans nos forges, ou même un commis de nos grands établissements commerciaux, *la Belle Jardinière*, par exemple, peuvent concevoir la perspective d'arriver à y être un jour patrons ou de fonder quelque entreprise similaire ? Autant l'on en peut dire, et à plus forte raison encore, de la masse des salariés de nos compagnies de chemins de fer. Plus nous allons, plus deviendra grand le nombre des travailleurs voués à la perpétuité du salariat et de la dépendance. Ainsi se trouve justifiée de plus en plus l'observation que faisait Fourier dans son ouvrage de 1808 : « Les premières phases de la civilisation opèrent la diminution des servitudes personnelles ou directes ; les dernières phases opèrent l'accroissement des servitudes collectives et indirectes. » (*Théorie des quatre mouvements*, 1re édit., p. 306, 307.)

La preuve positive existe de la tendance du mouvement économique à diminuer, contrairement à l'assertion de M. Ducarre, la proportion des patrons de l'industrie et à augmenter celle des salariés. Je citerai sur ce point encore son auteur favori, M. Levasseur, qui dit :

« Avant 1789, la population industrielle de France, qui est aujourd'hui de 12 millions, n'aurait pas dépassé 4 ou 5 millions. Néanmoins elle eût compté un nombre aussi grand de patrons. A Reims, il y avait, en 1723, 1,400 métiers et 1,300 maîtres drapiers, sergiers ou estaminiers ; en 1860, 50 fabricants seulement possèdent 25,000 métiers. » (Ouvrage cité. — *Conclusion.*)

Les instituteurs de Paris avaient publié une formule qui est citée par M. Ducarre et que nous reproduisons, car elle est parfaitement correcte :

« Nous ne nous le dissimulons pas ; l'avénement de cette nouvelle phase sociale, c'est l'affranchissement et la glorification du travail nourricier et éducateur du genre humain. D'esclave qu'il était il est passé à l'état de serf, puis d'affranchi, et enfin à celui de salarié. Esclave, le travailleur était la propriété absolue du maître ; serf, il appartenait à la glèbe ; affranchi et salarié, il est libre de sa personne, mais non de sa volonté ; il tient encore au maître qui l'a libéré et au salaire qui dépend du besoin et du caprice de celui qui le paye.

« Dans l'un et l'autre cas, les intérêts sont diamétralement opposés : le rôle de la société nouvelle est de les réunir en les rendant convergents par l'association intégrale du travail, de l'intelligence et du capital. Cette association, par le juste équilibre des obligations et par l'équitable répartition, amènera l'apaisement général et l'établissement de la justice. »

Sur cet exposé qui n'est évidemment pas plus de son goût que les programmes des autres délégués ouvriers, M. Ducarre ne fait cependant aucune observation particulière.

Qu'aurait-il pu d'ailleurs y trouver à reprendre?

Les modifications successives de la condition du travailleur sont notées dans tous les traités d'histoire. « Du servage, dit Chateaubriand, on passa au salaire qui se modifiera encore parce qu'il n'est pas une entière liberté. »

L'opposition flagrante d'intérêt entre l'ouvrier et le patron dans le débat sur le taux du salaire est constatée comme une vérité de fait irrécusable par Adam Smith lui-même.

Enfin, la conclusion du rapport des délégués instituteurs reproduit presque littéralement la formule de Fourier : Association du capital, du travail et du talent, laquelle formule, au jugement de M. L. Reybaud, « serait le premier mot concluant qui aurait été dit sur l'avenir. »

Malgré le mauvais accueil fait par la commission de l'Assemblée nationale aux observations d'économie politique et sociale présentées par les différents groupes de la délégation ouvrière de 1873, il n'est pas probable que les nouveaux délégués, qui vont partir bientôt pour l'Exposition universelle de Philadelphie, s'abstiennent plus que leurs devanciers d'aborder dans leurs rapports le même ordre de questions. Ce qu'ils verront aux Etats-Unis, où, malgré la plus entière liberté politique, l'antagonisme du capital et du travail, sous le régime actuel de leurs relations réciproques, ne s'accuse pas moins, au désavantage du second surtout; ce qu'ils pourrent apprendre de la bouche de leurs camarades, les travailleurs salariés du Nouveau-Monde, n'aura d'autre effet, si je ne me trompe, que de les pousser de plus en plus à exprimer leurs vœux pour la réforme du régime industriel dans le sens d'une solidarité, non exclusive de la responsabilité individuelle et de l'émulation, ces deux essentiels principes de toute justice et de tout progrès. A la suite ou à côté de leurs remarques techniques sur les procédés et sur les perfectionnements de chaque métier ou de chaque branche d'industrie, nos ouvriers français sauront bien dire encore où le bât les blesse, ainsi qu'ils ont fait à leur retour de la vieille capitale de l'Autriche.

Les tourneurs de chaises avaient consigné dans leur rapport cette remarque : « Les produits vendus à la consommation personnelle s'élèvent à la somme de 15 milliards, lorsqu'ils ne coûtent d'achat aux producteurs que 7 milliards et demi. Accordons 1 milliard 50 millions (7 p. 100) pour frais de commerce et non-valeurs ; il reste encore 6 milliards 450 millions qui passent dans les poches des intermédiaires. Associons-nous au point de vue de la consommation d'abord, afin de nous passer de ces trop cupides serviteurs, et l'association de production viendra bientôt compléter notre émancipation. »

Pas si mal raisonné, malgré les exclamations de M. Ducarre sur ce passage dont il se montre singulièrement scandalisé. Les services des divers intermédiaires entre le producteur et le consommateur sont trop chèrement payés ; c'est un fait incontestable. S'associer au double point de vue de la consommation et de la production serait le remède efficace à un tel état de choses. Mais, sans que cela soit impossible, comme le professe M. Ducarre, ce n'est pas non plus ni si simple ni si facile à exécuter que paraissent le croire les délégués des tourneurs de chaises. Il y faut un ensemble de combinaisons qui font l'objet de toute une science et dont la première mise en pratique ou à l'épreuve ne saurait se faire ailleurs qu'à la campagne, dans une exploitation agricole et manufacturière à la fois, admettant 600 personnes au moins, 1,800 au plus, de tout âge et de tout sexe, telles que les fournirait une réunion d'environ 120 ou 360 familles, qu'il s'agirait d'associer en frais et en travaux de ménage comme en toutes autres fonctions. Là seulement pourrait être résolu pratiquement un problème posé en très-bons termes par l'honorable M. Ducarre, lorsqu'il dit :

« Le travail industriel moderne libre, aidé par les machines et la science, a fait d'immenses progrès. Cependant les mobiles du travail sont restés ceux des premiers jours.

« Il s'agit toujours de transformer en choses utiles à l'homme des matières premières, extraites du sol ou récoltées à sa surface. Toujours il faut pour accomplir cette œuvre, associer les efforts et le temps d'un certain nombre d'hommes d'activité, d'aptitudes et de savoir divers, qui auront ensuite sur le produit achevé un droit proportionnel au concours apporté à sa création. Toujours aussi se présentera la question du règlement, entre les collaborateurs, de leurs rapports mutuels et le mode de répartition de la valeur créée en commun. »

Oui, sans doute, *that is the question*, comme

disent les Anglais; c'est bien là, en effet, la question. Pourquoi, l'ayant si bien posée, M. Ducarre ne s'est-il pas ingénié à chercher les moyens de la résoudre? S'il avait mis un peu plus de soin à s'enquérir de la théorie sociétaire que de hâte à la déclarer impraticable, M. le rapporteur y aurait trouvé peut-être les éléments de la solution restée en suspens.

Cela aurait mieux valu que de s'en tenir à des assertions telles que les suivantes, qui seront loin de convaincre la masse des ouvriers.

« L'universalité des carrières de l'industrie est ouverte à toutes les ambitions; et si toutes n'arrivent pas au but, il est permis d'établir comme un principe que le succès vient toujours couronner les efforts du travail patient, de l'esprit d'ordre et d'économie.

« Grâce au régime de liberté industrielle, *l'accession de tous au patronat est devenue la règle générale.* »

Prends cela, Jacques Bonhomme, pour parole d'Evangile ou, comme on dit encore, pour argent comptant, et que ces réjouissantes maximes, unique fruit des enquêtes parlementaires et autres sur ton sort, te tiennent lieu de mesures efficaces, qu'elles ne découvrent point, pour rendre moins précaire et plus fructueux le rude labeur d'où dépend ta subsistance de chaque jour et celle de ta famille.

Moralité de l'apologue : *Gaudeant bene* NANTIS et que les autres se repaissent d'illusions! Le Rapport leur en sert à souhait.

Il est cependant un mirage que M. Ducarre n'aurait eu garde d'offrir, même dans le lointain le plus reculé, aux regards des ouvriers : c'est la perspective du *travail attrayant*. Or, à la bonne intention de s'en faire un argument contre les griefs de leurs collègues de la délégation, il relève ceci dans le rapport des horlogers en pendules :

« Maintenant, en France, tout le monde veut bien vivre, bien s'amuser, et ne pas beaucoup travailler. »

Hélas! oui; cette disposition, très-naturelle d'ailleurs, n'est pas propre seulement aux ouvriers; c'est la tendance générale. Des plus hauts rangs jusqu'aux derniers, chacun veut mener joyeuse et large vie sans se donner de peine. C'est la grosse difficulté que présente de nos jours le problème social; et pour la résoudre en plein, il ne faut pas moins qu'arriver, quelque invraisemblable que cela paraisse, à donner à la production autant de charme qu'en a la consommation : en d'autres termes, il faut transformer le travail utile en fête et en partie de plaisir. Au point de vue de la remarque très-juste des délégués horlogers, le *travail attrayant*, l'utopie des utopies, devient une nécessité logique. C'est aussi la condition *sine qua non* de la liberté effective pour tous.

Dans les conditions actuelles de *répugnance* que présente la généralité des travaux corporels, l'élévation des salaires ne saurait aboutir qu'à la multiplication des *lundis ;* la garantie d'un minimum de subsistance ferait pis encore, tout un peuple de *lazzaroni*. Hors des voies, encore vierges, de l'attraction industrielle, il n'y a que cercle vicieux. Que les routiniers en prennent leur parti.

V

LES ANNEXES AU RAPPORT.

La commission d'enquête parlementaire avait adressé des questionnaires aux préfets, aux chambres de commerce, aux chambres consultatives d'arts et manufactures, aux conseils de prud'hommes et aux comices agricoles. Le rapport sur les réponses faites à ces questionnaires a été confié à un secrétaire, pris en dehors de la commission, M. Louis Favre, avocat.

D'après le dépouillement que ce secrétaire a fait des réponses, elles signaleraient, en grande majorité, la situation satisfaisante des ouvriers. Cependant, si l'on descend dans les détails, on voit que pour trente départements cités, la progression des salaires n'a marché que parallèlement à celle du prix des objets nécessaires à la vie ; que dans huit la progression des salaires n'a pas égalé celle du prix des denrées, notamment en Tarn-et-Garonne (chambre consultative de Montauban) ; qu'enfin c'est dans six départements seulement que l'élévation des salaires a dépassé le renchérissement des vivres.

Malgré sa bonne envie, assez manifeste, de ne le pas céder en optimisme à l'honorable M. Ducarre, le sous-rapporteur M. L. Fabre, a dû consigner, cependant la remarque suivante, à titre de résumé général :

« En somme, on peut établir, d'après les réponses aux questions, que les rapports entre ouvriers et patrons n'existent en aucun lieu, dans aucune industrie, à *l'état très-satisfaisant.*

« Dans les provinces ou les industries les plus favorisées, dans celles où l'harmonie paraît régner, où jamais il n'y a eu ni grève ni lutte, on constate cependant un sentiment de défiance, presque inconnu il y a trente ans, qui s'accentue chaque jour davantage, et dont on est fondé à dire que si les luttes, les grèves sont le plus souvent *locales*, l'esprit d'antagonisme semble, en quelque sorte, passé dans les mœurs.

« Comment remédier à cet état de choses, qui peut devenir, à une heure prochaine, la cause d'une grave perturbation sociale?

« Comment arrêter cet esprit d'antagonisme? Comment concilier les intérêts des ouvriers et des patrons? »

Il n'y a pour cela qu'un moyen, c'est de les ASSOCIER. Nous répétons toujours la même chose, car il n'y a pas quatre chemins pour aller au but; un seul y conduit.

Quoi qu'il en soit, remarquons bien le passage qui vient d'être cité; il est le plus véridique, le plus sincère et le plus conforme à la réalité, de tout le contenu des rapports de la commission d'enquête parlementaire sur les conditions du travail en France :

« Les rapports entre ouvriers et patrons n'existent en aucun lieu, dans aucune industrie, à l'état très-satisfaisant.

« L'esprit d'antagonisme semble passé dans les mœurs. »

Et c'est en présence d'une pareille disposition des esprits, constatée par la commission elle-même d'après l'ensemble des réponses aux questionnaires, que son rapporteur, M. le député Ducarre, a eu l'aplomb de conclure qu'il n'y avait absolument rien à faire et que le régime actuel de l'industrie ne laisse quoi que ce soit à désirer! — C'est sous l'influence de ce régime cependant que s'est développé « le sentiment de défiance et l'antagonisme qui s'accentue chaque jour davantage. »

Comment ne pas voir que les mêmes causes qui ont amené ce résultat continuant toujours d'agir, l'effet lui-même ne saurait manquer de persister et même d'aller s'accroissant, ainsi que cela s'observe depuis trente années, de l'aveu du sous-rapporteur M. L. Fabre.

Où nous conduit inévitablement cette funeste division, cette scission déplorable entre les deux agents de la fonction industrielle?

A l'appauvrissement de tous deux, à une aggravation de misère pour les ouvriers, à la ruine de beaucoup de patrons, et ultérieurement peut-être, à une guerre sociale, la dernière des calamités, le prélude et le signal certain d'une rechute en barbarie.

Dans l'intérêt de tous et pour prévenir des maux incalculables, il est urgent, sans d'ailleurs porter atteinte à la liberté et à la responsabilité individuelles, de changer quelque chose à un régime de l'industrie qui met partout les salariés en hostilité avec les patrons et les capitalistes. Cela devient urgent, surtout depuis que le suffrage universel a conféré aux masses le droit d'intervenir activement dans la politique.

Les ouvriers ne paraissent guère avoir été admis par la commission d'enquête à présenter leurs griefs. Toutefois, M. L. Fabre mentionne un mémoire envoyé par les ouvriers de la construction de la ville de Nantes. Ce mémoire, dit-il, renferme des idées peu applicables. Mais il en cite le passage suivant :

« Les patrons et les ouvriers sont mécontents les uns des autres, et ils en ont réellement lieu, car si d'un côté les patrons, exclusivement préoccupés des responsabilités qui pèsent sur eux, ne songent qu'à résister aux réclamations des ouvriers, ceux-ci à leur tour, découragés de leur position précaire, négligent de s'instruire et restent indifférents au succès de l'entreprise. »

« Ce mémoire, nous devons le dire, a été rédigé avec une conviction sincère, et il est impossible de méconnaître le désir qu'éprouvent les signataires de voir s'aplanir les désaccords, les malentendus entre ouvriers et patrons. » (P. 250 du Rapport de la commission.)

Ici du moins l'on rend justice au bon vouloir des ouvriers, à leurs dispositions conciliantes, à leurs sentiments d'équité.

Mais au bout de tout cela, que propose l'organe de la commission parlementaire? Rien à peu près, il faut bien le dire; écoutez plutôt :

« S'il n'est pas en votre pouvoir, Messieurs, d'appliquer le remède sur la blessure, vous trouvez du moins dans votre enquête les moyens de bien définir le mal, de préconiser les mesures qui peuvent lui apporter soulagement et peut-être guérison.

« Une des plus efficaces, — les documents que vous possédez en témoignent, — consiste à rattacher le travailleur au sol. Partout, en effet, où le travail des champs peut s'allier à l'industrie, l'ouvrier y trouve un utile emploi de ses loisirs. Possesseur d'un petit toit, il devient économe pour joindre un enclos, un coin de terre à sa demeure. L'économie amène le bien-être, le bien-être la moralité; car l'immoralité, il faut bien le dire, est souvent fille de la misère. » (P. 258.)

Si encore on indiquait quelque disposition permettant d'unir un peu largement le travail agricole à celui de la fabrique? Mais point : il ne s'agit, dans la pensée du rapporteur, que de l'emploi des *loisirs* de l'atelier à quelques broutilles de culture ou plutôt d'horticulture.

Nous concevons, nous, une alliance mieux équilibrée, un partage moins inégal entre les deux genres de travaux, dont l'un, celui des champs, est plus hygiénique, est plus salutaire que l'autre à la santé du corps et de l'âme elle-même.

C'est aussi en faisant une meilleure part à l'agriculture, dans les entreprises industrielles, qu'on aura plus de chances d'échapper aux chômages. Or, « le chômage, dit le rapporteur, voilà, Messieurs, la principale cause du mal.

« Sur tel point où l'industrie est sujette aux chômages, grèves, antagonisme, conflits, imprévoyance, misère; — à vingt kilomètres plus loin, une autre industrie inscrit-elle : « Jamais de chômages, » on rencontre cette mention : « Ouvriers « économes, pas de grèves, bonne harmonie avec « les patrons. »

Mais le chômage, ce fléau de l'industrie civilisée, à qui faut-il l'imputer? Ce n'est point à coup sûr aux ouvriers, dont il vient dévorer le peu d'économies qu'ils ont pu faire, à qui il vient enlever leur pain du jour.

La raison des chômages, où se rencontre-t-elle? Dans cet état d'incohérence de l'industrie que M. Ducarre nous vante comme le *nec plus ultra* de la perfection.

Citons encore un témoignage qui figure au rapport :

Un manufacturier de l'Isère, M. Périgaud, de

Bourgoin, dit : « Les habitudes de prévoyance existent toujours chez l'homme dont le travail est régulier et à l'abri du chômage. En intéressant l'ouvrier, j'ai obtenu les meilleurs résultats. Il faut relever l'ouvrier, non le traiter en machine. Il faut l'intéresser au succès de l'entreprise où il est occupé. »

En d'autres termes, il faut admettre l'ouvrier à participer aux bénéfices. C'est ce qu'a pratiqué avec succès, dans son établissement feu M. Leclaire, à Paris, et ce qui est continué non moins heureusement par son successeur, M. Desfournaux.

Il conviendrait d'encourager les patrons à suivre de plus en plus cet exemple. La participation, c'est le premier degré de l'association.

Mais, dit le Rapport, « existe-t-il une loi qui interdise les associations d'ouvriers? »

Ce n'est pas assez que cette absence de prohibition directe de la loi. Les ouvriers, privés de l'élément essentiel, le capital, ne peuvent rien, tout seuls et abandonnés à eux-mêmes. Il faut que les patrons et les capitalistes prennent l'initiative des associations, il faut qu'ils y admettent les ouvriers comme participants et cosociétaires, en imposant, bien entendu, dans les premiers temps, certaines conditions d'admissibilité, afin de n'être pas dupes eux-mêmes de l'évolution libératrice et conciliatrice qu'il s'agit d'accomplir et qui échouerait certainement, si les patrons et les capitalistes n'y trouvaient leur avantage comme les ouvriers. Ceux-ci seraient donc associés graduellement, suivant les preuves de capacité et de bonne conduite qu'ils auraient fournies.

Telle est la marche prudente qu'il y aurait à suivre et qui ferait tomber bientôt de part et d'autre les préventions, les défiances, l'antagonisme. Il dépend de la classe riche, et d'elle seule, de conjurer les orages qu'elle a sujet de redouter, tant que les choses de l'industrie restent sur le pied où elles sont. Qu'elle se garde bien de s'endormir dans la fausse quiétude que cherchent à lui inspirer les voix officielles, qui ne dénoncent le péril social que pour obtenir de nouveaux moyens de police à lui opposer, c'est-à-dire des moyens qui vont le plus souvent contre le but et qui ne sauraient avoir d'ailleurs qu'une efficacité temporaire.

CONCLUSION.

Parmi les plans d'organisation nouvelle qui se sont produits jusqu'à ce jour, un seul se présente avec ce caractère de respecter tous les droits acquis, en même temps que de reconnaître et de satisfaire les droits jusqu'à présent niés ou omis, parce que l'état d'incohérence industrielle ne donnait pas la possibilité de leur faire place et justice. Ce même plan, pour sa mise en pratique, impose l'obligation de procéder par une épreuve locale, mode exempt de tout danger par conséquent pour la grande communauté nationale, appelée seulement, d'après le résultat, à bénéficier de l'innovation en l'appliquant de proche en proche, si elle réalise les avantages entrevus, ou bien à la rejeter, si elle ne les réalise pas. Ai-je besoin de dire que j'ai ici en vue la théorie sociétaire de Ch. Fourier? Elle seule, en effet, remplit toutes les conditions qui viennent d'être indiquées.

A vous, hommes de bon désir, comme il en est encore beaucoup dans les classes riches et dirigeantes, à vous de vous enquérir sérieusement sur ce qui est à faire et de vous mettre ensuite à l'œuvre. si une étude approfondie et sans prévention du plan proposé vous donne la conviction qu'il n'est pas impraticable et qu'il n'entraîne, en tout cas, aucun risque pour vos fortunes et pour les avantages réels dont vous avez la possession, possession aujourd'hui inquiète et troublée par des revendications menaçantes. Ne se rencontrera-t-il donc parmi vous, privilégiés de l'état actuel, ne se rencontrera-t-il pas des cœurs tourmentés du besoin de l'harmonie sociale et des intelligences ouvertes à la notion des moyens de l'établir au sein de l'humanité terrestre, sur la double base de la justice et de la solidarité?

Une discussion approfondie du Rapport de M. Ducarre, au double point de vue principalement de la législation et de l'économie politique elle-même, a été publiée dans le *Bulletin du mouvement social* et dans le *Journal des économistes*, par M. Charles Limousin. Ce travail a pour titre : *la Liberté individuelle et la liberté collective à propos de la condition des ouvriers en France.*

TABLE
DES MATIÈRES.

Avant-propos 1

I. — La commission d'enquête parlementaire sur les conditions du travail. Examen du Rapport fait au nom de la commission par M. Ducarre. 13

II. — Le Rapport et les systèmes d'organisation du travail. 27

III. — Le Rapport et Turgot. 45

IV. — Le Rapport et la délégation ouvrière à l'Exposition de Vienne. 49

V. — Les annexes au Rapport. 61

VI. — Conclusion. 70

7801. — Paris. Typ. de Ch. Meyrueis, 13, rue Cujas. — 1876.

www.ingramcontent.com/pod-product-compliance
Ingram Content Group UK Ltd.
Pitfield, Milton Keynes, MK11 3LW, UK
UKHW031937260826
14628UKWH00004B/1696

9 782016 113042